Når jeg er trist

Sam Sagolski
Illustreret af Daria Smyslova

www.kidkiddos.com
Copyright ©2025 by KidKiddos Books Ltd.
support@kidkiddos.com

All rights reserved. No part of this book may be reproduced in any form or by any electronic or mechanical means, including information storage and retrieval systems, without written permission from the publisher, except in the case of a reviewer, who may quote brief passages embodied in critical articles or in a review.
First edition, 2025

Translated from English by Kirsten Groendahl
Oversat fra engelsk af Kirsten Groendahl

Library and Archives Canada Cataloguing in Publication
When I Am Gloomy (Danish edition)/Shelley Admont
ISBN: 978-1-0497-0073-1 paperback
ISBN: 978-1-0497-0074-8 hardcover
ISBN: 978-1-0497-0075-5 eBook

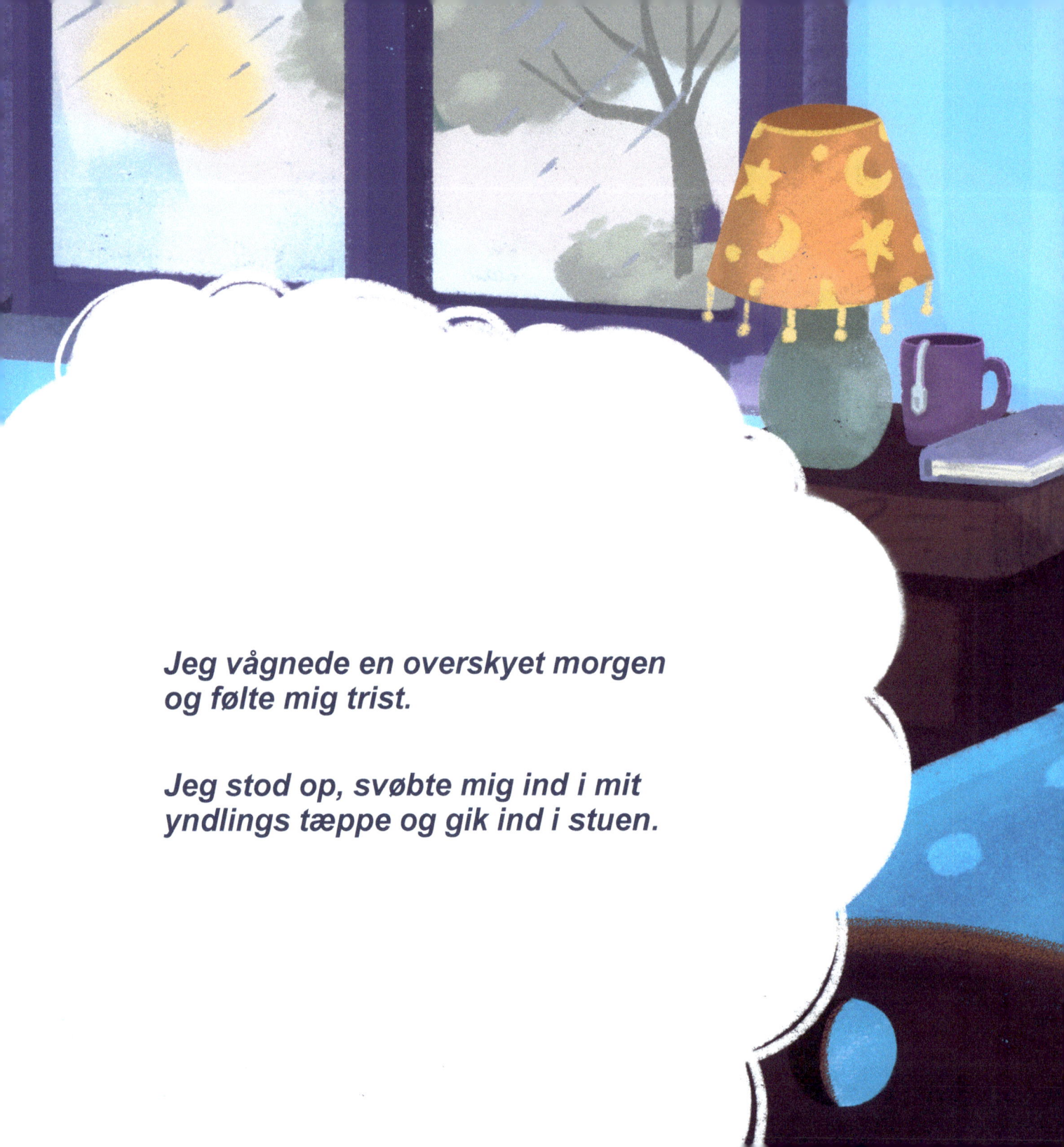

Jeg vågnede en overskyet morgen og følte mig trist.

Jeg stod op, svøbte mig ind i mit yndlings tæppe og gik ind i stuen.

"Mor!" råbte jeg. "Jeg er i dårligt humør."

Mor løftede blikket fra sin bog. "Dårligt? Hvorfor siger du det, skat?" spurgte hun.

"Se på mit ansigt!" sagde jeg og pegede på mine rynkede øjenbryn. Mor smilede blidt.

"Jeg har ikke et glad ansigt i dag," mumlede jeg. "Elsker du mig stadig, når jeg er trist?"

"Selvfølgelig gør jeg det," sagde mor. "Når du er trist, vil jeg være tæt på dig, give dig et stort kram og muntre dig op."

Det fik mig til at have det lidt bedre, men kun i et øjeblik, for så begyndte jeg at tænke på alle mine andre følelser.

"Så... elsker du mig stadig, når jeg er sur?"

Mor smilede igen. "Selvfølgelig gør jeg det!"

"Er du sikker?" spurgte jeg og krydsede armene.

"Selv når du bliver sur, er jeg din mor. Og jeg elsker dig lige højt."

Jeg tog en dyb indånding. "Hvad med når jeg er genert?" hviskede jeg.

"Jeg elsker dig også, når du er genert," sagde hun. "Kan du huske, da du gemte dig bag mig og ikke ville tale med den nye nabo?"

Jeg nikkede. Det kunne jeg godt huske.

"Og så sagde du hej og fik en ny ven. Jeg var så stolt af dig."

"Elsker du mig stadig, når jeg stiller for mange spørgsmål?" fortsatte jeg.

"Når du stiller mange spørgsmål, som nu, kan jeg se dig lære nye ting, der gør dig klogere og stærkere hver dag," svarede mor. "Og ja, jeg elsker dig stadig."

"Hvad hvis jeg slet ikke har lyst til at tale?" fortsatte jeg med at spørge.

"Kom her," sagde hun. Jeg klatrede op på hendes skød og hvilede mit hoved på hendes skulder.

"Når du ikke har lyst til at tale og bare vil være stille, begynder du at bruge din fantasi. Jeg elsker at se, hvad du finder på," svarede mor.

Så hviskede hun i mit øre: "Jeg elsker dig også, når du er stille."

"Men elsker du mig stadig, når jeg er bange?" spurgte jeg.

"Altid," sagde mor. *"Når du er bange, hjælper jeg dig med at tjekke, at der ikke er monstre under sengen eller i skabet."*

Hun kyssede mig på panden. "Du er så modig, min skat."

"Og når du er træt," tilføjede hun blidt, "dækker jeg dig til med dit tæppe, giver dig din bamse og synger vores sang for dig."

"Hvad hvis jeg har for meget energi?" spurgte jeg og sprang op.

Hun grinede. "Når du er fuld af energi, cykler vi, hopper i sjippetov eller løber rundt udenfor sammen. Jeg elsker at lave alle de ting med dig!"

"Men elsker du mig også, når jeg ikke vil spise broccoli?"
Jeg stak tungen ud.

Mor grinede. "Som dengang, du gav din broccoli til Max?
Han kunne rigtig godt lide den."

"Så du det?" spurgte jeg.

"Selvfølgelig gjorde jeg det. Og jeg elsker dig stadig, selv dengang."

Jeg tænkte et øjeblik og stillede så et sidste spørgsmål:

"Mor, hvis du elsker mig, når jeg er trist eller sur... elsker du mig så også, når jeg er glad?"

"Åh, skat," sagde hun og krammede mig igen, "når du er glad, er jeg også glad."

Hun kyssede mig på panden og tilføjede: "Jeg elsker dig, når du er glad, lige så meget som jeg elsker dig, når du er trist, sur, genert eller træt."

Jeg krøb tættere på hende og smilede. "Så... du elsker mig altid?" spurgte jeg.

"Altid," sagde hun. "Uanset dit humør elsker jeg dig altid hver dag."

Mens hun talte, begyndte jeg at føle noget varmt i mit hjerte.

Jeg kiggede ud og så skyerne svæve væk. Himlen blev blå, og solen kom frem.

Det så ud til, at det alligevel ville blive en smuk dag.

www.ingramcontent.com/pod-product-compliance
Lightning Source LLC
LaVergne TN
LVHW072106060526
838200LV00061B/4814